AF369521

Vente du Lundi 13 Mai 1889

A DEUX HEURES

HOTEL DROUOT ✣ SALLE Nº 4

OBJETS D'ART

ET D'AMEUBLEMENT

TABLEAUX MODERNES

MINIATURES

BIJOUX

PORCELAINES ANCIENNES

Bronzes, Armes, Bois sculptés

BEAU PIANO A QUEUE DE PLEYEL, MEUBLES ET TAPIS ANCIENS

LIVRES

EXPOSITION PUBLIQUE

Le Dimanche 12 Mai 1889, de 1 heure 1/2 à 5 heures

Mᵉ PAUL FOURNIER	M. E. VAN HOESERLANDE
COMMISSAIRE-PRISEUR	EXPERT
Successeur de Mᵉ GUÉLON-DUBREUIL	Rue Lafayette, 46, à Paris
Boulevard de Sébastopol, 3	

PARIS — 1889

IMPRIMERIE MAULDE et RENOU

MAULDE & Cie

IMPRIMEURS DE LA COMPAGNIE DES COMMISSAIRES-PRISEURS

Rue de Rivoli, 144

CATALOGUE

DES

OBJETS D'ART

ET D'AMEUBLEMENT

TABLEAUX MODERNES

Par Bakalowicz, Boulogne, Hillemacher, Masson Bénédict
Perdreau, etc.

MINIATURES

BIJOUX ENRICHIS DE BRILLANTS

PORCELAINES ANCIENNES DE LA CHINE ET DU JAPON

Terres cuites, Bronzes, Armes, Bois sculptés

MEUBLES ANCIENS ET DE STYLE

BEAU PIANO A QUEUE DE PLEYEL

TAPIS ANCIENS — LIVRES

DONT LA VENTE AURA LIEU

HOTEL DROUOT, SALLE N° 4

Le Lundi 13 Mai 1889

A DEUX HEURES

Mᵉ PAUL FOURNIER	M. E. VAN HOESERLANDE
COMMISSAIRE-PRISEUR	EXPERT
Successeur de Mᵉ GUÉLON-DUBREUIL	
Boulevard de Sébastopol, 3	Rue Lafayette, 46, à Paris

EXPOSITION PUBLIQUE

Le Dimanche 12 Mai 1889, de 1 heure 1/2 à 5 heures

PARIS — 1889

CONDITIONS DE LA VENTE

—

Elle aura lieu au comptant.

Les Acquéreurs paieront, en sus des adjudications, CINQ CENTIMES PAR FRANC applicables aux frais.

L'Exposition mettant le Public à même de se rendre compte de l'état des Objets, aucune réclamation ne sera admise une fois l'adjudication prononcée.

A. MAULDE et Cie, imprimeurs de la Cie des Commissaires-Priseurs,
rue de Rivoli, 144.   200—96604

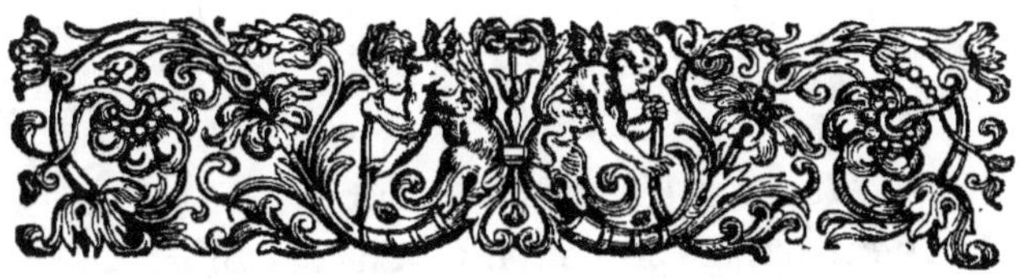

DÉSIGNATION

TABLEAUX MODERNES

1 — **Bakalowicz** (L.). Mariage de Henri III.

2 — **Boulogne.** Femme (Étude).

3 — **Greuze** (D'après). Le Gâteau des Rois (Gravure).

4 — **Hillemacher** (E.), 1875. Le Ménage du Serrurier, souvenir du Bourg d'Ault (Somme).

A figuré au Salon de 1876 sous le nº 1038.

5 — **Hillemacher** (E.), 1875. Repas de famille en Picardie ; souvenir du Bourg d'Ault.

A figuré au Salon de 1875, sous le nº 1054.

6 — **Masson** (Bénédict). Le Départ du Pêcheur.

7 — **Masson** (Bénédict). Jeune Femme de pêcheur tenant son enfant dans ses bras.

8 — **Masson** (Bénédict). Italien et Italienne.

Deux tableaux formant pendants.

9 — **Perdreau** (A.), 1884. Paysage, sous bois.

10 — **Schall** (D'après). La Comparaison (Gravure.

MINIATURES

11 — Bonbonnière en ivoire. Le couvercle est orné d'une miniature d'après Fragonard : « l'Inspiration favorable ».

12 — Miniature carrée : Portrait de Mme Récamier.

13 — Miniature sur ivoire d'après Baudoin : « Le Silence », de forme ovale.

14 — Miniature, portrait de la reine Marie-Antoinette.

15 — Autre Miniature, portrait de la duchesse de Devonshire.

16 — Miniature, portrait de Femme de l'époque Louis XIII.

17 — Miniature ovale sur ivoire, école française.

18 — Broche montée d'une miniature, portrait de Femme.

BIJOUX ENRICHIS DE PIERRES PRÉCIEUSES
ARGENTERIE

19 — Petite Montre de dame avec breloquet en or, enrichis de brillants, saphirs et roses.

20 — Bracelet rivière, enrichi de brillants et saphirs.

21 — Bracelet de même modèle, enrichi de 15 brillants.

22 — Bague marquise en or, pavée de brillants.

23 — Deux Boutons de chemise montés chacun d'un brillant.

24 — Broche, forme croissant, enrichie de brillants et de roses.

25 — Bague en or montée d'une perle et de deux brillants.

26 — Paire de Boutons d'oreilles, enrichis de saphirs et de roses.

27 — Bague montée d'un saphir, d'un brillant et de 6 roses,

28 — Bracelet en or, avec chaton garni d'un saphir entouré de roses.

29 — Bague en or montée d'un brillant.

30 — Deux Épingles de cravate en or, enrichies chacune d'un brillant.

31 — Broche formée d'une mouche, sur une épée, enrichie de saphir et perle.

32 — Écrin contenant : Un Service à découper et un Service à salade en ivoire, manches en argent.

33 — Petit Porte-Plume en ivoire, avec plume et garniture en or.

34 — Porte-Mine en argent.

PORCELAINES ANCIENNES

DE LA CHINE ET DU JAPON

TERRES CUITES

---

35 — Paire de Vases en ancienne porcelaine de Chine, forme balustre, décor fleur de pêcher.

36. — Paire de Chimères en porcelaine de Chine, fond bleu turquoise sur socle adhérent.

37 Paire de Coqs, porcelaine de Chine, fond bleu turquoise.

38 — Gourde à panse aplatie, en même porcelaine, fond bleu turquoise truité.

39 — Jolie Vasque, en ancienne porcelaine de Chine, de la famille verte, décorée sur la panse d'insectes et de fleurs.

40 — Paire de Vases, forme rouleau, col à lambrequins et médaillons, panse décorée de papillons, fleurs et arbustes, ancienne porcelaine de Chine.

41 — Grand et beau Plat en ancienne porcelaine de Chine, décoré de sujets, motifs et fleurs rehaussées d'or.

42 — Assiette en ancienne porcelaine de Chine,
à sujet central, le marli est décoré de médaillons en camaïeu.

43 — Deux Assiettes en ancienne porcelaine de
l'Inde, décorées, au centre, d'une tête casquée
sur fond rose, et de filets rehaussés d'or.

44 — Deux Assiettes en ancienne porcelaine de
Chine, décor à armoiries rehaussées d'or.

45 — Deux Assiettes en porcelaine de Sèvres
décorée.

46 — Trois Figurines en porcelaine de Saxe.

47 — Service en porcelaine, époque de l'Empire,
composé de six tasses avec soucoupe, théière,
cafetière, sucrier et pot à crème.

48 — Service anglais en Weedgwood : cafetière,
pot à crème et sucrier.

49 — Paire d'Appliques, à trois lumières, en
bronze doré et formées de plats en ancienne
porcelaine du Japon, décorée de fleurs.

50 — Deux Coupes formées de plats en porcelaine décorée de sujets, fond bleu turquoise ;
montures en bronze.

51 — Pièce de Surtout en porcelaine de Saxe, formée d'un groupe d'enfants supportant une corbeille ovale à galerie ajourée, décor à fleurs et ornements en relief.

52 — Deux Vases, forme Louis XVI, en même porcelaine, enfants enguirlandés supportant cinq lumières.

53 — Paire de Vases en émail cloisonné du Japon, décorés d'oiseaux et de fleurs.

54 — « L'Été », buste en terre cuite de Carrier-Belleuse.

55 — Deux bustes « Jean qui rit » et « Jean qui pleure » par Mario.

BRONZES, ARMES, BOIS SCULPTÉS

56 — Encrier en cuivre poli, avec cendrier, flambeau, plumier et sujet surmonté d'un groupe : « Pierrot et Arlequin ».

57 — Coupe en bronze, supportée par trois enfants.

58 — Deux Porte-bouquets, en bronze et cristal taillé, composés chacun de quatre tulipes.

59 — Buste de femme en cuivre ciselé.

60 — Trois Pièces bronze ciselé : cachets et manche de coupe-papier.

61 — Médaillon en bronze : profil d'homme casqué.

62 — Tableau en soie « Saint Jean-Baptiste ».

63 — Paire d'Appliques, à trois lumières, en cuivre poli, style Louis XVI.

64 — Statuette en bronze « la Vierge de Nuremberg ».

65 — Statuette en bronze « Buveur ».

66 — Deux Appliques, en cuivre estampé, à glaces et à trois lumières, style Louis XIII.

67 — Coupe en cristal, montée sur pied en chêne.

68 — Deux Sabres à quillons et coquilles.

69 — Deux Epées à lames triangulaires et gardes gravées.

70 — Yatagan à fourreau en argent estampé et poignée niellée.

71 — Deux Yatagans plus petits à lames courbes et fourreaux en argent estampé.

72 — Yatagan à lame droite à poignée gravée, fourreau gravé et velours vert.

73 — Trois Couteaux de chasse à fourreaux et poignées en argent estampé.

74 — Yatagan à lame courbe et poignée gravée.

75 — Yatagan à poignée et garniture damasquinées, lame droite à inscription et sujet.

76 — Groupe en chêne, représentant le Christ au Jardin des Oliviers, style du xvie siècle.

MEUBLES ANCIENS ET DE STYLE
TAPIS ANCIENS, LIVRES

77 — Meuble bas et de forme carrée en chêne sculpté, à un vantail. Présentant des enfants portés par des dauphins et à tiroir décoré d'enfants jouant de la trompe et de mufles de lions ; les côtés sont formés de statuettes pinçant de la mandoline. Travail ancien.

78 — Bibliothèque en chêne sculpté à deux van-
taux en partie vitrés ; décorée de statuettes en
ronde bosse, posant sur des consoles soutenues
par des animaux chimériques et de panneaux
représentant l'Été et l'Hiver.

79 — Commode époque Louis XV à dessus de
marbre et ornée de cuivres.

80 — Jardinière Louis XV en marqueterie, ornée
de bronze.

81 — Console Louis XVI à dessus de marbre
blanc.

82 — Bureau avec caisse en chêne sculpté recou-
vert de cuir.

83 — Six Fauteuils en chêne sculpté garnis de
maroquin, pieds balustres.

84 — Meuble de salon garni de tapisserie de
Neuilly, composé de : un Canapé, deux Fauteuils et deux Chaises.

85 — Deux paires de Rideaux en tapisserie de
Neuilly, genre Aubusson.

86 — Beau Piano à queue de Pleyel, en palis-
sandre.

87 — Housse de Piano en drap marron brodé de
fleurs.

88 — Coffre de mariage en chêne sculpté, prove-
nant de La Chaise-Dieu, composé de quatre
panneaux à fleurs et mascarons, avec serrure et
clef, xvie siècle.

89 — Glace dans un cadre en bois sculpté ancien.

90 — Petite Jardinière-Suspension et une Jardinière en bois sculpté.

91 — Glace biseautée dans un cadre doré à fron-
ton coquille, style Louis XIV.

92 — Deux Chaises fumeuses en chêne sculpté,
garnies de velours frappé.

93 — Garniture de cheminée en bois sculpté :
Pendule style gothique et deux Candélabres à
quatre lumières.

93 *bis* — Tapis oriental, dessin à bandes, fonds
de couleur.

94 — Portière en tapisserie gothique à fleurs, sur
fond vert.

95 — Trois Garnitures de sièges, tapisserie au
petit point, époque Louis XIII.

96 — Deux Panneaux en velours ancien de Gênes,
à rosace et bande fond jaune et brun.

97 — Autre Panneau de même provenance, à damiers et rosace sur fond jaune.

98 — Autre Panneau à bouquets de fleurs sur fond jaune.

99 — Panneau à fleurs et motifs rouges sur fond bleu.

100 — Quatre Panneaux en tapisserie à fleurs, sur fond maïs.

101 — Quatre autres Panneaux, fleurs et ornements sur fond maïs, bordure bleue.

102 — Six autres Panneaux à fleurs et ornements polychromes, sur fond jaune d'or.

103 — Cent Volumes environ, reliés : Balzac, Boileau, Bossuet, Corneille, Descartes, Fénelon, Victor Hugo, Labruyère, La Fontaine, Larochefoucault, Molière, Pascal, Racine, J.-J. Rousseau, Thiers et Voltaire.

104 — Quelques Pièces de cuivre.

105 — Sous ce numéro seront vendus les Objets non catalogués.

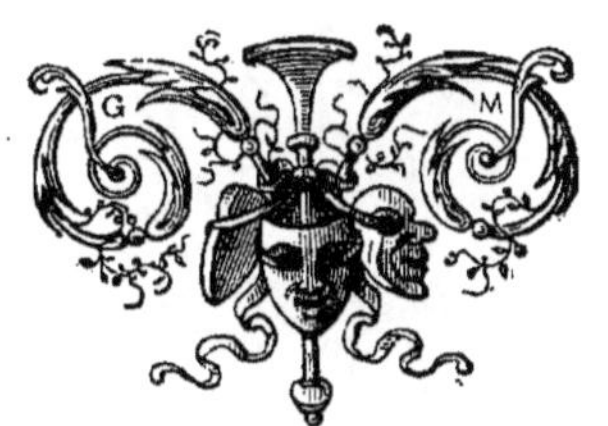